JN440295

독의 계보

윤금초 시집

시인동네 시인선 213

윤금초 시집

독의 계보

시인동네

시인의 말

무딘 대패 울러 매고 오매사복 헤맸나 보다. 톺아보나, 뒤집어보나 쭉은 대팻밥 늘비하다.

해거름 천창 너머로 만 길 적막 되짚는다.

2023년 9월 금초시마재에서

윤금초

차례

제2부

제3부

제4부

제5부

제1부

깨춤

서리꽃 저 상고대
지부상소(持斧上疏) 올린 갑다.

책을 엮은 그 가죽끈 세 번이나 끊어지고 과골삼천(踝骨三穿)*, 과골삼천, 복사뼈 세 번이나 슬픈 구멍 뚫렸는데…. 물경 이십 년 가까이 책상다리 틀고 앉아 책 읽고 글 쓰다가 어이 하리, 어이 하리. 다산 선생 어이 하리. 방바닥 구들마냥 에라 허허 복사뼈에 구멍 숭숭 뚫렸는데,

천지도 모르는 그대
깨춤이나 춘단 말가?

---

*종이가 없던 옛날 대나무에 글자를 써서 책을 만들어 썼는데, 공자(孔子)가 책을 하도 많이 읽어서 그것을 엮어놓은 끈이 세 번이나 끊어졌다는 데서 '위편삼절(韋編三絶)'이란 말이 비롯됐다. 다산 정약용 선생이 강진 유배 때 두 무릎 방바닥에 붙이고 공부에 몰두한 나머지 복사뼈에 세 번이나 구멍 났다는 고사가 바로 '과골삼천'이다.

서시(西施)의 젖빛

복사꽃
건듯 이울고
물살 가른다,
황복거사.

죽음과도 바꿀 만한, 죽을 작정 하지 않곤 입맛 다시지 못할 검복 가시복 흰점복…. 입안에서 사르르 녹는, 유별난 식감 주는 복어회는 후르르 혀가 절로 말리고 만다. 밀복 졸복 참복 황복 한 마리 독(毒) 빼는데 서 말 석 되 물을 쏟는다. 골부림 지나친 녀석, 원래 성질 잘 내는 탓에 진어(嗔魚)라거나, 슬슬 긁어 화 돋우면 배가 부풀기 땜에 기포어(氣泡魚)라고 그런다. 하면, 하먼…. 수컷 뱃속 흰빛 애는 서시의 젖빛이라, 중국 월나라 미인 서시의 젖빛이라, 뽀얀 뜨물 젖빛이라 서시유(西施乳)라 했다던가?

떡니 턱 드러낸 황복거사
소동파(蘇東坡)도 군침 흘렸대.

---

*김정호, 「어촌한담 18」 참고.

오수(午睡)
— 청자상감운학문침(青磁象嵌雲鶴文枕)*

잠이 들 등 말 등… 학춤 추는 몽매간에
어느 별당 대청마루 화문석 돗자리가 눈에 삼삼 밟혀온다.
한여름 청자 베갯머리, 줠부채도 생뚱맞다.

한 사내 열띤 머리 괴고 누운 오수 한때
청자베개 양 마구리 뚫린 구멍 먼발치로
상감한 고려 바람이 풍류 한 틀 끌고, 으힛!

---

*전북 부안군 보안면 유천리에서 출토됐다.

분원리, 밤

수묵 산수 운염(雲染)인가,
갈기 푸른 연기 자락.
초벌구이 연기 자락 분원리(分院里)를 죄 삼키고
반나마 허공은 한때
먹물 덧칠 궁륭이다.

애벌구이 어린 불에 가마 차츰 달굴 쯤엔,
재벌구이 어미 불에 하루 꼬박 태울 쯤엔
텅텅 빈 백자 항아리 어둠 가득 끌어안고.

뱀 혓바닥 날름 불길
너울너울 춤추는 거기.

춤추는 불길은 끝내 두둥둥 쇠북소리 울리다 울리다가 분원리 앞산 너덜겅 바윗장을 무너뜨리듯 그렇게 우람하게 울부짖다 소스라치다 다시 돌아와 잠든 마을 뒤흔든다. 뱀 혓바닥 갈급한 불길 입 벌린 우윳빛 백자 항아리 속 허허 둥둥 빨려들고 와아, 와아, 뒤따라온 분원리 하늘 희붉게 달아오른다.

숨 가쁜
장작 가마 속
화닥화닥 타는 밤에.

---

*문순태 소설 「백제의 미소」 참고.

물매

— 국사전(國師殿)* 기왓골

천야만야 지붕 아래 천야만야 익는 서원
송광사 전각 70채 기왓골에 눈이 아리다.
지붕에 지붕을 덧댄 닫집 하나 우뚝하다.

휘휘 친친 둘러쳤다, 겹처마 서까래 위에
연꽃무늬 수막새 타고 눈석이 흘러내린다.
따지기 절집에 이르러 대숲 바람 귀를 씻고.

밀가루 반죽 다루듯 화강석을 마른 탑신.
여덟 마리 사자 발톱 매지구름 지르밟고
지붕골 누비주름이 이승 물매 재고 있다.

---

* 송광사에 있는 전각.
* 한승주 「설산은 내 방 안에」 참고.

천상열차분야지도(天象列次分野之圖)

#1

하늘 가녘 바장인다, 돌에 새긴 천문도(天文圖)가
사자자리 거문고자리 동심원 속에 녹아 있고
태양이 지나는 길목, 황도(黃道) 십이궁(十二宮) 돌올하다.

#2

조선 태조 4년 거듭난 별자리 지도.

물 깊은 웅덩이처럼 말수 적고 비밀스런 전갈자리. 독수리에 멱살 잡힌, 염소자리·물레자리 틈새 비집는 물병자리 심지 굳고 늡늡하다. 때론 몸이 수고스런 물병자리 눈 똘망하다. 북쪽 하늘 큰곰자리·뱀자리 사이 어깨 겯고 군짓 사족(蛇足) 척 걸치는 목자자리, 여섯 개 별 무리 이룬 마름모꼴 너볏하다. 청백색 젊은 별 사이 맨눈에 만날 수 있는 일곱 자매 좀생이별[昴星] 진주 목걸이 짤랑거리고, 제 살 슬몃 갉아먹는 사행심 많은 양자리도 삭은 얼굴 들이밀고, 들이밀고

까무룩 자오선 너머 페가수스 길을 튼다.

#3

꽃잠 터는 처녀자리 허공 기슭 매암 돈다.

타는 별이, 꼬리별이 미리내에 투신한다. 석조(石彫) 천구(天球) 둔덕마다 한 겹 한 겹 눌러 담은 박물지 펼치다가, 펼치다가

썰렁한 지구별 감고 은빛 비늘 떨궈낸다.

#4

변산반도 서쪽 어귀
터를 고른
금구원조각미술관*.

벌거벗은, 육덕 좋은, 15톤 무게 세 여인 요염한 몸짓이라니. 국화 영초 꽃술 이고 천체를 떠받든 채 비손하듯, 비숙원하듯 웅크려 앉아 있다. 원왕생, 아흐 원왕생가…. 새 왕조 천기(天機)를 입고 검은 돌판 비껴 앉은 천상열차분야지도 오늘에서 꿈틀! 한다. 지구별 둘러싸는 가상 천구 둘레길에 달의

아페닌산맥 분화구가 다시 살아 움찔! 한다. 밝은 별 커다랗게, 희미한 별 작디작게, 우리 하늘 별자리가 에누리 없이 드러난다. 드러난 사자자리, 에루화 홍! 거문고자리 굴기(崛起) 높게 똥겨줄 쯤

화강석
둥근 가람에 뜬
뭇별,
물찰찰이 떠다닌다.

＊전북 부안군 변산면 도청리 소재.

먹감나무 편년사(編年史)

풋바심 발바심하는
그해 오월 감꽃 철에
뻥뻥 튀긴 강냉이를 자루째 쏟아놓은 그 자드락길 먹감나무
담황색 시린 감꽃이
새벽 허기 덜어줬지.

사금파리 빗금 긋던
허장성세 그늘 한끝
개발쇠발 불도저에 할퀴고 대낀 그날 그 아름드리 먹감나무
샐비어 덤불에 묻혀
흙먼지나 둘러썼지.

---

*김주영 소설 「고기잡이는 갈대를 꺾지 않는다」 참고.

융프라우 만년설 2

천리만리 에움길을 허위허위 톺아왔네.

양떼구름 둘러쓰고 용용 숨은 야누스 얼굴

만년설 만나러 왔다 만자(萬字) 하나 못 건지네.

낯가림도 하 그악한가? 반나마 가린 속살.

깎아지른 천길 빙벽 안개 장막 걷은 끝에

애달피 보일락 말락 캄캄한 저 눈 백치야.

가전체(假傳體)로 오는 봄

산에 들에 가려움증, 잎눈 뜨는 가려움증
따지기때 들머리에 저승 야차 다녀갔나?
삼이웃 뜰썩하도록 곡지통을 내쏟는다.

눈물 콧물 버캐 자국, 돌니 박힌 벼랑길에
휘진 몸 끌고 오는 봄의 전령 오리궁둥이
가근방 짜하게 번지는 볕뉘 상큼 부려놓네.

비루먹은 꼬리 흔드는 황소거사 영각 켠다.
새도록 가전체 쓰는 꽃의 눈빛 적바림하고
숯검정 다 된 작약도 입귀 절로 벌고 있다.

빗방울 악보

세상 어디 또 있을까? 이토록 영롱한 투신

얼결에 구른 빗방울 말줄임표 찍고 있다. 처마 골 물매 짚고 구르는 빗방울이 애드리브 날개 달고 물빛 악보 풀어낸다. 어질머리 꽃잎 흩고 피어나는 '낙수 자리', 흙 마당 흙이 행여 어허둥둥 튈까 보아 동글동글 돌멩이 세워 테를 두른 '빗방울 받침' 이무롭게 앉아 있다. 빗방울 때구루루 ♪음표 찍고 있다.

이토록 영롱한 투신, 세상 어디 또 있을까?

와온 갯벌

저 널룬 뻘밭에서 '뻘징역' 살고 있제라.

숨이 그만 칵칵 맥혀. 한번 뻘밭 들어가문 못 나와, 좀체 못 나와. 오뉴월 뙤약볕 아래 발 푹푹 빠지는 생지옥 뻘밭에서 치러내는 극한투쟁. 뻘배 아니면 들어갈 엄두도 못 낼 차진 뻘밭에서 널을 타제, 널을 타. 길 없는 무저갱 속 짚디짚은 구렁텅이 개펄 밭에 길을 내는 동력의 근원. 왼 무릎은 널 위쪽 뙈리에 단단하게 붙이고, 오른발은 헤엄치듯 그침 없이 지옥 뻘밭 헤집제. 온몸이 갯벌하고 한통속 되야갖고 뻘바닥 뒤집어야 게우게우 끄집어 올릴 수 있는 거이 맛조개, 맛조개라. 허벌나게 맛 좋은 맛조개라, 하먼…. 어느 한 날 뻘투성이 흙투성이 험한 세월 마다해 본 적 있나?

뻘바닥 무릎걸음하고 한 생애 버텨 왔제라.

---

*《전라도닷컴》 2017년 6월호 26~31쪽 참고.

봄물

쥘부채 펼친 범부채 잎이 와 와 와 손뼉 치고, 따지기 숨탄 것들 발싸심도 한창이다.

봇도랑 무넘기 너머 산울림을 풀어놓고.

톱풀꽃 붉은피톨 고였다간 흘러내리고, 욱신덕신 하늘땅에 봄물마냥 게워낸다.

극락산 먼발치 따라 무자맥질 한창이다.

독의 계보 1

그러나 그 모든 것도 미치지 못한다. 나를 깨무는 그대 침의
무시무시한 마력에는.
내 넋을 여한도 없이 망각 속에 담그고는,
현기증을 일으키며,
쇠잔한 영혼을 죽음의 기슭으로 굴려 가는 네 침!
—샤를 보들레르, 「독」 부분

독을 퍼다 독 죽이는
독은 결코 독 아니야.

복어회에 복어 독을 거짓말처럼 얹어설랑 혀를 톡 쏘는 맛 즐기는 쾌감, 삶이라는 음식 위에 죽음이라는 소스 살짝 덧입히는 시도랄까. 그야말로 저릿저릿 오금 못 펴게 하는, 희열의 극치 아니겠어? 광대버섯이 품고 있는 무스카린 말씀이야. 그게 글쎄 부교감 신경 흥분시킬 때 흰독말풀에 함유된 아트로핀으로 진정시킬 수 있는 이치 같은 거야. 일테면 중독도 가능하고 해독도 가능하단 말씀이야. 죽였다 살릴 수 있고, 살리고자 죽일 수 있단 말씀이야. 아으 몰라, 다롱디리….
독살의 역사에서 책을 이용하는 전설적 방법 알고 있남? 갈피

마다 독을 묻혀 손끝에 침을 발라 한 장 한 장 책장 넘기면서 그걸 읽을 때 말씀이야. 독이 그만 몸속으로 스며들어 목숨 앗는 수법 말씀이야. 책 내용 재미있으면, 허벌나게 재미있으면 그 사람 그만큼 빨리 죽는 거야. 알고 보면 독을 안고 노는 사이, 독도 우릴 데리고 노는 거지.

그러게.
이참에 글쎄
살고 죽는 전율 만끽했지?

독의 계보 2

어느 날 묵상 중에 '고(蠱)'라는 말 떠올렸어.

한 개 그릇 위에 세 가지 독을 지닌 벌레족 포개놓은 글자 말씀이야. 두꺼비 왕지네 독사를 그릇 속에 가둬놓고 죽자 살자 싸우면서 서로 잡아먹게 하는데 말씀이야, 이때 마지막 승자를 '고'라고 하지. '고'를 꺼내 그놈 독을 음식에 버무린 다음 그것을 사람이 먹게 하면 어찌 되겠어? 가슴이 답답해지고 순간 복통 일으키고, 얼굴이 누르스름해지거나 퍼렇게 변하지. 하면, 하면. 나중엔 피 가래 토하고 항문에선 피고름 쏟아지고. 에구머니나…. 심지어 몸속으로 독이 흘러들어 그게 끝내 벌레 되고 나중엔 내장마저 파먹는다나, 어쩐다나.

어머나, '고'를 알고부터 가위눌려 자지러졌지.

제2부

하얀 밤

독침마냥 흔들어댄다, 미친 그 음일(淫佚)의 밤.

세모꼴 주름진 등도, 염주 알 굴리는 꼬리도, 살기 팔팔 넘쳐난다. 맹독성에, 야행성에, 잠행성에, 잔혹성에, 골골샅샅 주눅 든다. 여름밤 남쪽 하늘 지평선 너머 긴 주걱 드리운다, 음흉한 전갈자리 기나긴 주걱 그늘 정수리에 드리운다. '조용한 살인자' 악명 높은 극동 전갈, 독기 품은 황제 전갈 검푸른 그림자 눈앞에 어른거릴 때 '인간 전갈' 손아귀에도 그 음일 그늘 그에 그리 얼씬거린다. 박사방인지, 독사방인지, 부타톡신 독성을 문 'n번방 인간 전갈' 느물느물 활개친다.

밤새껏 따라오는 달도 개기월식 휘말린다.

어둠의 이빨

#1

묽디묽은 바다 안개 속에 그 섬은 잠겼다 숨 돌리고 돌멩이 얻어맞은 채 버드러진 슬픈 화사(花蛇). 황달 든 간척지 저편에 죽은 듯 웅크려 있다.

#2

어둠은 이무기인가, 느릿느릿 기어온다.

독사 잡아 술 담는 법, 포 뜬 능구렁이 맛있게 잡숫는 법, 설사 걱정 묶어둔 채 생사탕 끓이는 법, 냄새로 뱀을 찾는 땅꾼 이야기, 정력엔 묻지 마 끝내주는 흑질백장, 연이 닿지 않은 사람에겐 영영 보이지 않지만 기어이 사람 하나 살리고 만다는 백사(白蛇)의 신비며 까치살모사, 혹은 칠점사 얘기 사담(蛇談), 사담 풀어놓고….

죽살이 생물 세계에 엉금엉금 땅거미 긴다.

#3

암자색 저승꽃이 뒷목까지 기어든 노인. 꺼져 내린 볼과 눈자위, 어둠의 그늘 점령한다. 얼굴에 움푹 팬 갯고랑, 긴긴 날의 우로보로스*.

---

*뱀 또는 용이 자신의 꼬리를 물고 삼키는 모양을 빗대는 말로 무한대를 의미하기도 한다.

*한승원 소설『포구』참고.

꽃가루 증후군

그때 바로 눈앞에서 벼락 번쩍 소름 끼친다.

푸른색 어둔 그림자 창졸간에 어른거린다. 천둥 번개 칠 때마다 눈 시리게 부서지며 난무하는 가는 입자. 줄기세포 분열하듯 쪼개지고 갈라지며 콧속으로 입속으로 틈입, 쌕 쌕 쌕 기관지 천식 몰고 온다. 온몸 샅샅 불 지르는 꼬리 달린 꽃가루가 이른바 악의 정령 불러오고

한순간 악령을 좇는 퇴마사(退魔師)가 스쳐간다.

해안선 한낮

백수광부 손짓인가, 시선 강탈 파도 비늘. 바위까지 짓뭉개는 뇌성벽력 울음 울고 물보라 제 지닌 힘만큼 높디높게 융기한다.

거센 너울 들개 떼로 떠밀려와 까무러치고 물 괸 눈에 죽은 낮달 이리저리 굴절할 때 얼결에 찢어진 구름, 뒷산 너머 곤두박인다.

말 반, 울음 반 뒤섞인 산울림 몰고 와서 사금파리 해 조각이 모래밭 둔덕 쉬다 가고 난파선 한 옆구리를 물다 뜯다 갉아댄다.

발톱의 시

#1

가도 가도 끝이 막막
천야만야 벼랑길에
발싸심
발싸심하다
가래톳 서는 이생
더러는
악문 어금니
엉겅퀴 밭 헤매 돈다.

#2

짓무른 발등 위로
진물마냥 배어든 날
터진 살갗
으깨진 살
가시떨기 빙벽에 선다.
덧신도
감발도 없이

극한 하늘 버팅긴다.

#3

허위허위 걷는 발길

봇도랑

진창 건너

담금질, 담금질 속에

불꽃 튀는 시우쇠로.

한 시대

협곡 헤치고

발톱 세워 오리라.

젤소미나, 젤소미나*

늦봄 그예 다 가도록 전신줄 붙잡고 운다.
가난한 한 소년의 놓쳐버린 가오리연이
색바랜 현수막처럼 출렁! 하다 곤두박질.

허방 짚듯 휘청대는 발걸음 재우친다.
불불이 일어선 머리칼, 거리엔 찬비 뿌리고 마른천둥 귀청 때린다. 아니다, 그게 아니다. 수렁 길 어둠 속으로 삐거덕 잠겨든 발길. 내부 깊숙이 도사린 무엇인가 폭발할 듯 비등점 찾아 저저이 끓어오르고, 한 음씩 낮아지는 엇박자 음계인가? 짙어진 어둠 속에 가라앉은 거리에는 연신 궂은 비 뿌리고, 흩뿌리고…. 썰렁한 가슴 한쪽 불길한 예감 꿈틀댄다. 오 젤소미나, 병든 천사 젤소미나. 어디로 가야 하나. 후미진 골목마다 '뜨거운 감자' 나뒹굴고, 역병(疫病) 소문 지분대고
숨죽인 바람의 입술, 도시 기슭 핥고 있다.

---

* 페데리코 펠리니 감독의 영화 〈길〉의 여주인공.

해머링 맨*

천근만근 쇠망치를 올렸다가 내렸다가
광화문 한 모퉁이, 노동하는 거인 하나
날마다 열 시간 남짓 세상을 쪼고 있다.

한 치의 틈도 없는 저울 같은 몸짓으로
눈도 비도 어깻바람, 하릴없이 맞아가며
밥 앞에 주린 시간을 망치 들어 펴 올린다.

연등 환히 불 밝힐 땐 공염불 주워섬기고,
크리스마스 다가올 땐 산타 모자 둘러쓰고,
제 안에 이는 불길을 다독이고 있나 보다.

---

*해머링 맨(Hammering Man): 서울 광화문 세화미술관 앞에 설치돼 있는 조나단 브로프스키의 움직이는 조각.

저물녘 물질명사

밀대 끝에
피어오르는
오방 색상 비눗방울
짧고 짧은 그림자를
음표처럼 찍어낼 쯤
깨금발
서리까마귀
땅거미를 쪼고 있다.

백야(白夜)의
박명(薄明)인가?
우중충 잦아든 거리
한 자락 낮은 음계로
짙어지는 어둠 속에
적의(敵意)의
비적 떼 바람
벼린 칼날
허공 가른다.

눈 뜨고는
왜 못 봤을까,
눈 감은 뒤
형형한 빛.
선하품 지긋 깨물고
물질명사 만지는 저녁
생강 물
헐린 입술로
바람벽을 핥는다.

밤, 발푸르기스
—어느 호위무사에게

실루엣 연출하는 달빛 지고 느물거린다.
저저이 자기 숨결에 숨이 겨워 주저앉고
더러는 심장박동 멈춰 무너진다, 와르르.

멍한 그 환상통에 쉼 없이 진땀 흘리고
어찌할 바를 몰라 길길이 뛰는 어릿광대
비트적, 비트적거리다 무간지옥 마주한다.

손끝 발끝 얼어붙는 팜 파탈 소용돌이에
후빈 심장 절규 소리 쉼 없이 몰려오고
무대를 집었다 삼키는 군집독(群集毒)이 범람한다.*

공포도 쾌락도 아닌 광기의 밤 지새는 그때,
산 자나 죽은 자나 경계마저 허물어진 그때
무뇌아 실없이 웃다 불구덩이 뛰어든다.

---

*필자의 시조 「바람, 혹은 절규-복면가왕 6」 일부 재사용.

계면조 하늘

손댈 곳 바이없다,
깎아지른 천길 벼랑.

한 번도 닫힌 적 없는 서늘한 쪽물 하늘. 붉게 타는 무지갯빛 열목어 눈 식히고자 차갑고 시린 물 찾아 모여드는 외진 계곡인가, 청정무구. 물을 휘저어 제 얼굴 깨뜨리고 반질거린 조약돌 마주한다. 더러는 눕고 더러는 서 있는, 둥글납작 닳은 돌, 돌…. 물을 벗어던진 순간 빛이 그만 죽는다. 소리인지, 한숨인지, 바람결에 실려 와서 귓전 훑고 사라졌다 다시 또 밀려오는 파동인가. 잇따라 들려오는 징소리, 작은 북소리 쿵 작작 어우러진 소릿결 타고

은장도,
초승달 은장도
이마 위에 내걸린다.

난바다 뒷걸음질

잦아들듯 적막하게 가라앉은 해거름 속에
거슬거슬 피어올라 짙어지는 땅거미 속에
살 맞은 늙은 짐승인가, 떠오르는 음화상(陰畵像).

게거품 물고 오는 든바다 자맥질한다.

목 질린 소리, 소리 간신히 내뱉다가 뒷걸음질 치는 바다. 이파리 사이사이 깃든 저물녘 금의 햇살 거두어, 거두어 가고…. 빛 죽어 무겁게도 가라앉은 먼먼 바다. 그날 그 쨍쨍하던 빛살 아래 한기처럼 밀려드는 공포인가, 소름인가? 침몰선 이물같이 젖어 부푼 슬픔 덩이 가슴 밑바닥 싸르륵 차오른다. 바람은 보고 싶고 그리워하는 사람들이 손짓 발짓 거푸하는 보이지 않는 시그널이다. 날아갈 듯 기쁜 날에도, 기가 차고 먹이 차는 슬픈 날에도 요긴하게 쓰이는 건 꽃이다, 꽃뿐이다. 혼례식도, 장례식도 꽃 치장 일색이다. 몇 송이 크림빛 장미 그에 그리 떠올릴 때 바다는 또 앵돌아져 뒷걸음질 마냥 치고

센 바람 동심원에 싸여 하염없이 떠도는가.

뺨의 솜털 금빛 털고 부르르 일어선다.
바닷물 우르르 몰려 와하하 소리치고
몸 아래 무거운 추 달고 곤두박인다, 쏜살로.

---

*오정희 소설 「바람의 넋」 참고.

미륵강 달궁

밀잠자리 날개 적신 진사(辰砂)구름 그 한 자락
털진득찰 같은 햇발 뉘엿대는 저물녘에
극락산 뒷 그리메를 싸목, 싸목 잠식한다.

혀짤배기소릴 하는 미륵강 긴긴 물줄기
달궁 마을, 달궁 사람 어깨 겯고 출렁이고
동구 밖 바람 모퉁이 머리 푸는 남기(嵐氣)였네.

미루나무 숲정이가 삼지창 겨누고 있다.
대장간 시우쇠를 메질하듯, 담금질하듯
잉걸불 하늘 삼키고 혀를 날름, 혀를 날름….

한평생 생가슴에 불 무덤 품고 살아왔나?
정수리 대못 지르던 공비 토벌 눈빛 거두고
죄 씻김 미륵강 줄기, 물안개 풀어낸다.

---

*문순태 소설 「달궁」 참고.

독의 계보 3

독에 맞서 쟁투하는 전쟁 아닌 전쟁이랄까?

온갖 독이 득시글해, 이 세상 알고 보면. 독성 강한 협죽도는 자살나무 별명 붙어 있지. 그걸 그만 젓가락으로 잘못 사용하거나 타는 연기 맡았다가 맹독에 감염되어 죽은 사례 숱하게 많지. 등대풀 잎을 찢으면 하얀 즙이 나오는데 말씀이야. '악마의 우유'라 불릴 만큼 독성 하난 끝내주지. 그게 만약 피부에 닿으면 곧바로 두드러기, 물집 생겨. 어쩜 좋아, 어쩜 좋아…. 딱정벌레 족속 중에 어떤 놈은 강한 자극 주면 위기감 느끼고 자기 방어 기제로다 다리 관절에서 붉은 액체 쏟아내는데, 그 맹독성 진물이 그만 살에 닿으면 타들어 가는 아픔 느껴.

독이란 말만 들어도 온몸 절로 저릿했어.

독의 계보 4

고통으로 고통 달래는 퇴마사 주문이었어, 어머니 목소리는.

"어떤 새는 독성 있는 나뭇가지 얽어 집을 짓는단다. 새끼들에게 벌레가 끼지 못하게. 코알라는 새끼에게 제 똥을 먹인다는 걸 알고 있니? 어미 몸속에는 독을 이기는 미생물이 있는데 말씀이야, 그걸 새끼에게 전수해 주기 위해서래. 이건 유액(乳液) 나오는 애기똥풀이란다. 저 바다 건너에선 이 풀을 제비풀이라 하는 거지. 새끼 제비 갓 태어났을 때 눈을 뜨지 못하는데 말씀이야. 어미가 이 유액으로 어린 제비 눈을 씻어 준대. 청맹과니 새끼 제비 눈을 뜨게 한다는구나. 그래서 제비풀이란 이름이 붙었는데, 꽃말이 뭔지 아니? '미래의 기쁨', '몰래 도와주는 사람'이란다."

어머니 그 목소리는 고통으로 고통 달래는 퇴마사 주문이었어.

제3부

도장밥 수사(修辭)

낙관도 주사(朱砂) 따위도 이미 다 낡삭은 뒤라.

점획(點劃)을 모르고도 야무진 결구(結構) 짚어내고, 열두 필법 귀담지 않고도 문리 죄 터득했다. 재기(才氣) 넝큼 성하다 할까? 문자향(文字香) 서권기(書卷氣)가 스며들 틈 없으므로…. 그러게, 난(蘭)은 제법 간드러진 풍류 한결 어우러져 휩새도 녹록잖다. 아서라, 아서라, 아서. 문자향 서권기의 법도(法道)로 삼아야 할 건 텅 비어 가득 채우는 일

색바랜 도장밥 자국, 슬픈 문기(文氣) 증언한다.

촉(蜀)으로 가는 길

— 심사정, 〈촉잔도권(蜀棧圖卷)〉*

보아도 보지 못하고,
안 보고도 보는 이 있다.

툭툭 도끼로 찍어낸 듯 곧게 잘린 기암절벽, 까무룩 구름에 잠겨 깊이 모를 낭떠러지다. 깎아지른 입체감 그에 살린 부벽준(斧劈皴)에, 꺼칠꺼칠 감촉 살린 갈필(渴筆) 마구 휘두른 피마준법(披麻皴法) 두루 섞어 베풀어낸 신필(神筆)의 묘법인가. 들쭉날쭉 험준한 저 산도 바위도 끝없이 이어지고, 이어진다. 골골이 쏟아져 내리는 거센 물살 너머 도르래 탄 사람들 절벽 오르내리고, 절벽 사이 허공에 매달린 외나무 구름다리 길을 잇고 또 이어준다. 하늘길 오르다가, 허위단심 오르다가, 잔나비도 떨어지는 촉도(蜀道) 그 험난한 길 위태, 위태 굴곡진 길 힘겹게 건너가는 인간 군상…. 현재(玄齋)**가 풀어놓은 거칠고 모진 붓질에 살 떨리는 촉도의 길 굽이치고, 굽이치고

에계계,
안 보고도 보는
심사정(沈師正)이 거기 있네.

*〈촉잔도권〉은 폭 85cm, 길이 818cm가 넘는다. 한국 고미술사에서 그 유례를 찾아볼 수 없는 두루마리 대작이다.

**심사정의 호.

헉!

그리하여 골골, 삳삳 광기 바람 몰아친다.

집채만 한 삼각파도 물이랑 끌고, 끌고 흉흉하게 솟구친다. 새하얀 포말들이 말갈기처럼 부서진다. 바다는 참을 수 없이 방파제 넘보다가 마구잡이 널을 뛴다. 난바다 혓바닥 날름 하늘 가녘 심한 凹凸 사이사이 요리조리 헤집다가 무슨 기미 몰고 오나, 서릿바람 음흉한 낌새 휘 휘 휘 몰고 오나? 차갑고 세찬 손돌바람, 사납고 매운 고추바람, 눈비 몰고 재우치는 흘레바람, 북녘 울짱 타고 넘는 얼굴 가린 뒤울이바람, 북만(北滿) 대륙 질러오는 동북공정(東北工程) 마적 떼 황사바람…. 그 한때 한양 휘젓던 경화세족(京華世族) 무리 같던 '황금 개떼' 진보 꼰대 어느새 꼬리 사리고 '빠짜' 돌림 호위무사 싹쓸바람 혼용무도(昏庸無道) 활개 친다, 어마무시 활개 친다. 칼바람 피죽바람 회리바람 돌개바람 무람없이 널뛰기라 그리하여 골골, 삳삳 광기 바람 몰아칠 때

저마다 제 삳을 잡고 헉! 회술레 한창인가?

가루라(迦樓羅), 가루라여

부르르 날아오른다, 물감 머금은 붓끝에서.

"가루라외다. 머리엔 여의 구슬 박혀 있고, 한입에 용을 요절낸 상상의 새입지요. 수미산 사해(四海)에 사는 금시조(金翅鳥) 또는 묘시조(妙翅鳥)라 불리기도 합지요." 홀연히 불길 딛고 솟아오른 한 마리 새, 독수리 억센 부리 찬란한 황금빛 날개 퍼덕, 퍼덕 푸른 바다 매암 돈다. 힘찬 그 날갯짓엔 마군(魔軍) 마구 물어뜯고 사악한 용 움키려는 사납고 맹렬한 기세 좀체 보이지 않는다. 갓밝이 훨훨 화려한 비상의 날갯짓뿐…. 가루라, 가루라여. 꿈틀꿈틀 음률(音律) 타는 화원(畫員)의 붓놀림에 새는 그만 구름 삼킨 춤사위라, 춤사위라. 지켜보는 이들마다 땅 꺼지는 한숨이다. 무어라 형용 못할, 형용 못할 얼굴에는 여의주 반짝인다. 불을 뿜는 입에서는 붉은 꽃잎 쏟아져 나와 웅 웅 웅 꽃 같은 울음 온 바다 뒤덮는다, 골골샅샅 뒤덮는다.

때아닌 화원 붓질에 난바다가 무너진다.

---

*이문열 소설 「금시조(金翅鳥)」 참고.

어떤 뚱딴지

믿지를 말라 했지, 말 푸진 사람일랑.

그놈 그 뱃구레엔 헛바람만 잔뜩 끼어 말이 그리 푸진 게야. 말 푸진 사내 팔자와 정조 헤픈 여자 팔자는 귀에 걸면 귀걸이, 코에 걸면 코걸이라 했지. 말하자면 물고자여. 물고자가 무슨 소린지 알기나 알간? 요즘 말로 읊는다면 무정자증 환자라고. 껍데기는 그럴싸해도 에구머니나 알맹이가 없단 말이야. 나설 자린지, 아니 나설 자린지 물불 못 가리고 설쳐대는 막무가내, 막가파 물고자 설쳐대는 꼬락서니라니. 어휴 퉤 퉤, 적반하장 설쳐대는, '대장동 몸통'이 외려 코 씩씩 설쳐대는 꼬락서니라니.

꼴뚜기 용-두질 쳐대는 꼴 눈꼴 시려, 눈꼴 시려.

내숭 떠는 바다

요상한 일 다 보겠다. 천 개 얼굴 감추는 바다.

웃음기 머금고 있기도 하고, 우거지 상판 찡그리고 있기도 하고, 비아냥거리고 있기도 하고, 혀를 날름, 날름대기도 한다. 너털거리고 있기도 하고, 싸게 잰 발로 손짓 발짓하기도 하고, 온몸 뇌틀고 있기도 하고…. 쫑알쫑알 고자질에 묵묵히 가쁜 숨 몰아쉬기도 한다. 헛바람 새는 소리로 능청 떨기도 하고, 파도 위에 얹힌 채 달려오는 누엣결 들어 올리기도 하고, 우렁이 창자 속인지 물결 위 곤두박인 달 조각 그러안고 너스레 떨기도 하고, 언구럭 부리기도 하고, 언거번거 수다 떨기도 하는 요물이다.

물 이빨 박박 갈면서 요분질 치는 음녀(淫女) 같다.

이안류, 앵돌아지다

잰걸음 굽뉘* 따라 잰걸음 파랑이 치고
이안류 소용돌이가 앵돌라져 몸 비튼다,
목울음 훑는 품새로 비늘구름 멈칫댄다.

구름 샅에 끼어 있는 저 14K 걸신 든 달.

그 달을 위리안치, 달무리 속에 감금한다. 옴나위없이 감금한다. 우중충한 대기권에 달은 제 금빛 다 드러내지 못하고…. 달무리 늦가을 뒷산 언덕 떼거리로 피어 있는 쑥국화송이 화환처럼 가장자리 둘러싼다, 둘러싼다. 달을 그만 위리안치, 달무리 속에 감금한다.

그때다. 철썩, 처얼~썩! 헛목 다듬는 파도 소리.

파도, 그놈 정말 매정한 녀석이다.

하얗게 밀려와서 넉장거리로 나자빠지고, 또 밀려와서 자지러지는, 동어반복 엉너리치다 어벌쩡 달려가는 매정한 놈이다. 검은 구름장 수평선 너머로 쥐라기 시조새처럼 날아오르고, 먹이를 가로채려 눈을 그리 부라리고 창처럼 부리 치켜든 채 날아오른다. 세모꼴 까치 파도 미친 야수로 융기하고

이안류 소용돌이가 또 앵돌아져 몸 비튼다.

---

*파도라고 말할 수 없는 밋밋한 너울.

안개 연대기(年代記)

이월 그 물바람은 정월 산바람보다 맵짜다.

새벽 강이 물김마냥 피워 무는 그 짬이다. 서리서리 서리 날은 물김 역시 흐벅지다. 골안개 수면 가득 물김 피어올릴 땐 세상에 조용히 사는 물보다 더 깊은 것은 어디에도 없을 터였다. 선뜩 스친 서릿바람 안개 가른 거룻배 몰고 온다. 그 물이 번쩍거린다. 뭐가 저리 눈 시리게 현현하는 것일까? 그 물에 걸린 은어일까, 달빛일까, 서리일까? 이른 동살 한 발 앞서 물김 무장 피어올린다. 안개처럼 자욱하게 은빛 비늘 물어 내는 물김, 첫새벽 털고 있다. 비늘마다 달빛 반짝, 비늘마다 서리 번쩍, 아가미마다 달빛 터는 은어 떼가 물안개 헤집는다.

그물로 달빛 걷어 올리는 상앗대질 휘모리다.

하오의 안쪽

몽어는 몽어대로, 숭어는 숭어대로 놀고
치 오 푼 저쪽 저승 있고, 문턱 안쪽 이승 있지.
푸른빛 묽은 어둠 쓰고 온몸 그리 치떠는가.

흰자위 한층 키운 그날 그 공동(空洞) 멀리
환희 아닌 열패감이 목과 가슴 죄어올 때
암청색 철대문 슬금 넘어서는 아침 동살.

난바다 달려온 파도, 모래톱 위 재주넘고
왜 그리 울리는가, 해무(海霧) 깔린 연안 숲을
무덥고 꿉꿉한 날에 안개 속은 수렁 깊다.

천창(天窓) 2

내 사는 도심 바깥
그 6층 옥탑방엔

달빛도 세 들어 사는
옹색한 서재가 있다.

썼다가 도로 지우는
글밭 가는 비상구 있다.

옛 선비 길러냈다는
사가독서(賜暇讀書)는 언감생심

베갯머리 포개둔 책
손때 절은 갈피도 있다.

자다가 벌떡 깨어나
머리 뜯는 비상구 있다.

사물의 그림자

덩굴장미 넌출인가, 햇살 줄기 창틀 휘감고
부쩍부쩍 기어오르는 눈부신 촉수 따라
수많은 빛의 입방체, 사방팔방 넘실댄다.

물안개가 피워 무는 실오라기 숨결 너머
포플러 이파리 흔들 물개박수 치는 새 떼
부싯깃 짧은 반짝임, 마른천둥 몰고 온다.

하늘 가녘 팽팽하게 순간장력 미당길 때
허공도 공갈빵마냥 별안간 부퍼 오르고
내 시의 구상명사도 탱글탱글 영글어 간다.

풍죽(風竹)

등골 오싹 켕겨온다, 숨이 그만 멎을 것 같다.

거친 바위 틈서리에 발을 묻은 묵죽(墨竹) 네 그루. 몰아치는 강풍 앞에 온몸 부려 버팅긴다. 옅은 발색(發色) 먹물 입은 세 그루 뒤쪽 대나무 드센 바람 이기지 못해 부르르, 부르르 떤다. 나 보란 듯 화면 한복판 버티고 선 먹색 짙은 대나무 한 그루 댓잎만 나부낄 뿐 실한 줄기 탄력 있게 휘어진다, 휘어진다. 쓰린 고통 견디기보다 바람 희롱 외려 즐기는 건가? 탄은(灘隱) 이정(李霆)이 받아낸 원근법 농담 살린 〈풍죽〉. 바람 앞에 꺾이지 않는 한 화원(畫員) 올곧은 기품 에누리 없이 물어낸다. 하먼, 하먼…. 임진왜란 소용돌이 니뽄도* 서리 맞고 오른팔 잘려 나갈 뻔 아찔 시련 겪은 탄은. 묵죽 속에 녹여내는 하 강인한 내구력, 내구력이라니! 붓끝의 기교 아닌, 숨이 턱 멎을 것 같은 신들린 붓놀림이 미감(美感) 눅진 풀어낸다, 세찬 바람 겁먹지 않은 선비 절개 풀어낸다.

까막눈 안경에 기대 〈풍죽〉 숨결 더듬는 날.

---

*정교하고 예리하고, 단단한 일본 칼.

독의 계보 5

정말, 정말 끔찍했어.
여자가 지르는 비명.

바닥 모를 나락으로 떨어지는 순간처럼 남자 등에 손톱 박고 끝없이 비명 질러댔어. 벌거숭이 여자 아니라 중세 전설 속 사람 닮은 식물 만드라고라 같았어. 특이하게 생긴 뿌리는 잔털 많고 둘로 갈라진 모양이 마치 발가벗은 여인 흡사하여 반인간 식물이라고도 불리는데 말이야. 땅에서 뽑힐 때 끔찍한 비명 지른다고 하지. 그 소리 얼마나 어마무시한지 듣는 사람 미쳐버린다는 게야, 미쳐버려…. 독을 품은 만드라고라는 최음제나 수면제로도 쓰였는데 말씀이야. 향유에 섞어 몸에 바르면 달빛 타고 하늘 날 수 있고, 악마와 섹스하는 환각 느낀다고도 하지. 정말, 정말 끔찍했어. 여자의 고통스런 비명 소리 그예 그치고

저 바다 속 깊은 궁륭
잠의 늪에 빠졌어.

독의 계보 6

몸속 깊이 침투했어, 정체 모를 독소들이.

독도 약도 뒤죽박죽 이 세상은 뫼비우스, 뫼비우스 띠 같은 거야. 독이든 약이든 그 속에 생사고락 뒤엉킨 요지경, 요지경이야. 인형 속에 인형 있고 인형 속에 또 다른 인형 있는, 몸도 얼굴도 꼭꼭 숨긴 마트료시카 인형같이 독도 약도 숨긴 세상. 우리네 하루하루 독도 약도 춤을 추는 줄타기 틈바구니, 울다가 때로 웃는 줄광대 놀음이지. 글쎄 말이야, 글쎄 말이야…. 자연에는 두 개 다른 젖줄이 있는데 말이야, 하나는 독이 나오고 다른 하나는 약이 나오거든. 그나저나 무서웠어, 자나 새나 무서웠어. 온 천지 독 아닌 게 눈 씻고 봐도 없는 걸 어떡하지, 어떡하지.

마침내 이마에 찍힌 낙인 같은 독이었어.

제4부

질경이 평전

한길 가녘 무리 지어 노숙하는 질경이야.

밟히면서, 짓밟히면서 끝내 오뚝 일어서는 검질긴 질경이야. 차이고, 억눌리고, 골골 상처투성이로 능굴능신(能屈能伸) 죽었다 거듭나는 아찔한 저 결기. 에멜무지로 질긴 풀이, 너무나 질겨서 신경질 나는 질긴 풀이…. 중동무이 허리 꺾여도 시난고난 일떠서고 조삼모사(朝三暮四) 국개의원, 무뇌증(無腦症) 정치 앵벌이의 엉너리 따윈 떨쳐버린 흑보기 눈 지릅뜨는 질경이, 질경이야. 숨 쉬고 말하는 것조차 흘금흘금 눈치 보는 이 땅이 눈꼴 시려, 아서라 눈꼴 시려. 밭은기침 퉤 퉤 퉤 뱉고 온몸 부려 손사래 치는 질경, 질경 질경이야. 단기 알바 게거품 무는 빈손 털털 질경이야. 질경, 질경, 눈물 젖은 불가촉천민 질경이야.

맨발로 자존(自尊)의 땅을 와락! 움키는 질·경·이·야.

슬픈 정강이뼈

#1

깎고 마른 정강이뼈 쌍황(雙簧)* 물린 피리였네.

옆구리 물날개** 달고 바람 훑는 절정의 소리

산발치 낮달 너머로 슬픔 한 질(帙) 몰고 오네.

#2

상감하듯, 담금질하듯, 사포 거푸 문지른 날

물빛 두른 궤나*** 선율 가풀막 길 톺아오를 때

선화여, 선화공주여. 시나윗조 뼈끝 저미네.

#3

살 떨리는 아픔 삼킨 이내 야윈 정강이뼈

그러께 그끄러께 하늘 적신 쌘구름 말고

바오밥 그늘에 잠겨 삘릴리 삘 목을 놓네.

---

*당피리, 향피리, 세피리 따위와 태평소처럼 두 겹으로 된, 관악기 발음원의 얇은 떨림판.

**지느러미의 방언.

***사랑하는 사람이 죽은 뒤에 그 정강이뼈로 만든 피리.

곡두

그물코 삼천이면 귀신도 잡는 날 있다지.
먹물 풀어 휘저은 저 어둠 깊은 미망(迷妄) 한끝
까치놀 목울음 삼키고 뉘엿뉘엿 널뛰기한다.

하필 그때 바람꼽자기* 부연 모래바람 일고,
목말 태운 물보라가 주책없이 노닥거린다.
거품을 머금은 밀물, 에멜무지로 어깨 겯고.

미친 파랑 머리에는 흰 메밀꽃 앉아 놀고
울툭불툭 융기하다 땅재주 넘는 물굽이엔
야행성 들짐승인가, 푸른 인광(燐光) 번득인다.

하마, 하마, 모르지만 그새 곡두** 만졌을까?
흐느끼고, 탄식하고, 두런대는 소릿결 넘어
난바다 독과점(獨寡占) 내고 누엣결*** 춤을 춘다.

---

*황사현상.

**실제 눈앞에는 없으면서 있는 것처럼 삼삼해 보이다가 가뭇없이 사라져 버리는 현상. 환영.

***드높은 파도 위에 생기는 흰 거품.

인조 새 날갯짓

옆구리 근질근질 열꽃 그예 피는 걸까?

돌부처도 움츠린다는 고추알바람 나부대자 바위 끝 성에도 하얀 마법 연출한다. 산의 윤곽 또렷하게 그리메를 그릴 무렵 일락서산 느닷없이 온몸 털이 궐기한다. 가시복 가시 같은 뻣센 터럭 아닌 것이, 독 묻은 고슴도치 가시 털도 아닌 것이, 보드레한 겨드랑이털 스멀스멀 곤두선다. 인위(人爲)의 손끝으로 받아낸 비단결 상상 깃털, 바람결 접었다 펼치는 팔랑개비 날개도 가다룬다. 거대한 청동색 징그러운 뱀 등허리처럼 반짝반짝 윙윙거리며 활개 치는 팔랑개비 날갯짓 소리…. 세상 갈피 헤집고 도는 뻐꾸기, 검은등뻐꾸기 가비야운 몸짓이다. 꿈인 듯, 생시인 듯 염력(念力)으로 받아낸 이카루스 밀랍 날개쯤 허허 그리 접어두고. 밀물 줄기, 썰물 줄기 삼키고 또 삼켜도 늘 허기져 궁싯대는 참 이악스런 잡식성 새인가? 탐욕의 내 옆구리에 은빛 날개 돌기한다.

하르르 팔랑개비 날개
날자, 날자, 날자꾸나.

널뛰는 누엣결

휘휘 갈겨 내린 붓질, 비백(飛白)의 구름발이다.
먼 망루 머리 위엔 턱 야윈 조각달 적요(寂寥)
산마루 비낀 물안개가 먹빛 차츰 풀어낸다.

바람 속에 기어드는 어둠의 검은 입자들
한 옥타브 끌어내린 클라리넷 저음으로
쇳소리 쩌렁쩌렁하던 목소리도 착 가라앉고.

천만 길 무저갱 속 스멀스멀 기어든 걸까?
문종이가 흡수지처럼 그늘을 빨아들이고
노루목 검은 바위를 두들겨 패는 저 파도.

약삭빠른 처세술로 엉너리, 언구럭 떨 때
바다에는 흰 누엣결 성운(星雲)처럼 꿈틀대고
어느 날 큰곰자리별 눈을 저리 뒤룩댄다.

슬픈 영가(靈歌)

—미켈란젤로 3대 피에타

1. 바티칸 피에타
열세 살 어린 석공, 몸소 공방 도제 맡고
차갑고 거친 모퉁이 돌 쪼고 다듬고 마른 뒤끝
극단의 슬픔에 잠긴 성모자상 받아냈다.

2. 반디니 피에타
살 에는 통증 너머 육체 비애 새긴 조소(彫塑)
대리석 파고든 칼끝, 자기 무덤 장식했는가.
칠십오 그의 말년이 손끝마다 아롱져 있다.

3. 론다니니 피에타
눈 감는 그날까지 통성 기도하듯 사포질 끝에
끈적끈적 붉은피톨 차디찬 돌가슴 데워냈다.
어둠도 미혹도 건넌 전신갑주 성령으로….

---

*《조선일보》 2022년 9월 13일자 인문기행, 주경철의 「히스토리아 노바」 참고.

미망의 새

쇳송이 살 떨리는 온몸 샅샅 후비고 간다.
눈발 사이 흘러내린 푸른 마귀 옷깃인가,
음음한 자줏빛 어둠 법당 가득 진을 친다.

고추바람 얼얼하게 귓불 잡고 쌕쌕거리고
솜옷 걸친 나뭇가지 사이 선원(禪院) 용마루 너볏하다. 느닷없이 딱! 하고 매서운 죽비 소리. 웅크린 채 눈발 맞는 회양목, 단풍나무 큰 가지 사이로 법당 문 완자무늬 무시무종(無始無終) 숨 고른다. 비파 타는 비천녀 눈길이며 탱화 속 아난존자, 보현보살, 문수보살 눈길이 와락 화살촉으로 날아온다. 관세음보살, 관세음보살…. 손은 삘기 같고 박꽃같이 하얀 얼굴 비구니, 사미니가 갈팡질팡 어둠 속을 헤쳐 가는 가엾은 미망의 새처럼 주검의 냉혹 장삼 떨쳐입고
이타(利他)의 머흔 만행 길 허위허위 헤매고 있다.

빡빡 늙은 허우대에 듣는 귀마저 절벽 스님
이따금, 옴 살바 못자 모지 사다야 사바하
수미산 구산팔해(九山八海) 건너 팔한지옥 응시한다.

가자, 가자, 반야(般若)의 배 고해(苦海) 건너 저 언덕으로

달마 스님 얼굴에는 왜 수염이 없는 걸까? 언어도단, 진퇴양난, 백척간두 어간에서 한 발짝 나아가지 못하는 이생인가, 저 생인가? 내전(內典) 공부 못지않게 외전(外典) 공부 야무지게 했을 좁쌀 머리. 얼마나 많은 물결 밀려오고 밀려와서 비비고 대끼고 때리고 할퀴고 깎아냈으면 돌이란 돌이 저토록 두루뭉술해졌을까? 돌멩이 이마마다 검은 점 한둘씩 찍어 놓는다면 영락없는 사부대중 빡빡 깎은 민머리 아닌가? 수천수만 대중들이 머리 마주대고 좌선 삼매 든 것 같지 않은가? 관세음보살, 관세음보살. 오욕(五慾)의 진창에 떨어져 나뒹굴다 법도 속에 있으면서도 깨달을 수 없는 것을 한순간 깨우치게 되는 법열은 오는 걸까, 법열 그에 오는 걸까? 엎드려 가면 어떠하고, 반듯이 누워 가면 어떠하고, 좌탈입멸 어떠하냐? 부질없고 부질없는 허랑 짓거리다. 옴 살바 못자 모지 사다야 사바하 천수경 느루 욀 때

검푸른 밤하늘 멀리 망초꽃 별 수런댄다.

문득 뇌리를 치는
반야심경 독경 소리
아제아제 바라아제, 진여(眞如)의 땅 어디멘가?
하늘가
물보라 너머
연잎 섬이 둥실 뜬다.

* 한승원 소설 「아제아제 바라아제」 참고.

저승새

*

마실 돌다 두들겨 맞고 퉁퉁 부은 바람같이
클라리넷 옥타브 선율 한결 낮은 저음같이
걸걸한, 허나 쨍! 울리는 전대미문 쇳소리로.

**

너덜겅 가장자리 산죽(山竹) 숲이 몸을 튼다.
크렁크렁 목탁새의 목 붉은 산울림 말고
빛 파장 유리 창(槍)처럼 숫구멍을 겁박한다.

***

억새, 속새, 드렁새들이 가슴께로 차오르고
박하 먹은 속내인가, 빛살 포자 세포 분열
저승새 잿빛 해무(海霧) 속에 깔딱 숨을 고른다.

목멱산(木覓山)* 그늘

붙잡아도, 붙잡아도 가는 세월 꼭뒤 너머
울력 나온 낮달 그예 잡목 숲길 기웃댄다.
산울림 목 붉은 울음
풀다 말다, 풀다 말다….

허천뱅이 산턱인가
출출한 해거름 녘에
걸귀 든 그늘 자락 숲정이를 붙잡다 놓고
귀 밝은 저 푸새들도
들숨날숨 숨 고른다.

시나브로 떨고 있다, 늙수그레 시든 뒷등
황동(黃銅) 물빛 뒤집어쓴 맨몸 시린 가지 사이
눈부신 갈잎 갈피가
시전지(詩箋紙)로 펄럭인다.

---

*서울 남산의 다른 이름.

날치의 바다

해안선 무대 펼친다, 변검술 극단처럼

왜낫의 날[刃] 같은 그믐달 등 너머로 마른 풀 연기 안개 싸여 시야 가린 검은 바다. 음험한 꾀부리는 마녀처럼 해조음 빨아들이고, 빨아들이고. 마녀의 혀와 입술 놀림 잔물결이 모래톱 핥고 있다. 핥고 빨고 입맛 다시는 바다의 입술이며 혓바닥 끝에 가까스로 달 조각 반쯤 물려 있다. 절벽 끝에 묻은 검은 어둠이 바다 안개 속으로 곤두박인다. 물찬 숭어 은비늘 물방울이 우 우 우 바다 우는 소리에 빨려 자지러진다. 안개는 살아 있는 물뭍동물인가? 짚불 연기 자디잔 물방울로 둔갑하여 흩어지는, 꾀가 있는 이야기 속 괴물처럼 솔숲이나 해안선 너머 어른거릴 때

그 문득 검은 바다가 날치 떼로 둔갑한다.

---

*한승원 소설집『안개 바다』참고.

마른 꽃

차디찬
공포
몰고 온다,
정지된
그림자 문득.

삶은 가끔 늑대 가죽, 늑대 가죽 냄새 난다. 달 없는 무채색 밤, 이마 위에 은장도 겨누고 둥근 거울 바라볼 때 영동할멈 미친바람 널을 뛴다, 널을 뛴다. 시리게, 가슴 시리게 지나가는 살별 꼬리, 그 빛살 한 가닥이 몸속으로 파고든다. 밤의 어둠 끝자락에 마른 꽃 냄새 실려 오고 실려 온다. 오리온, 전갈자리, 안드로메다 별자리에 마른 꽃 냄새 피어난다. 역마직성(驛馬直星) 타고났나? 놓아먹인 망아지처럼 마냥 그리 배돌고 서슴거린 이생이라, 이생이라….

이마 위
은장도 겨누고
미친바람 널을 뛴다.

정오의 미스터리

꺾인 ㄱ자나 ㄴ자의
미로 같은 정원 한쪽

정오가 고인 연못 나른히 떠 있는 연잎, 소리 없는 탄소동화 들숨날숨 끊임없다. 그렇듯 고요로이 숨결 소리 죽이는 걸까? 화강암 가리개에 나란히 앉은 두 마리 새가 저게 뭐지? 저게 뭐지? 묻고, 묻고 고갯짓 쫑긋대는 돋을새김 도드라진다. 한 뼘 가웃 아래쪽엔 귀면(鬼面) 고리 너볏하다. 녹슨 청동 귀면 고리 무엇에 쓰인 걸까. 파리똥 앉은 액자 속엔 지난 한때 협객(俠客)들이 망령처럼 변색된 잇몸 저리 드러내고. 타다 남은 숯검정이 이에 저에 나뒹구는 야사(野史) 갈피 되작인다. 벽에 박힌 글자들은 그 당장 뛰쳐나와 마른하늘 찌를 듯 겁박하고, 겁박하고…. 선하품 길고양이 정적 속을 걸어 나올 때

와르르
빈집 무너지는
허공에 쩡!
금이 간다.

독의 계보 7

세상 모든 독화살도, 독침도 다 받아냈지.
온몸 샅샅 다름 아닌 갖은 독성 넘쳐나도
그렇지, 독이 또 약이 되는 연결 고리 찾고 있지.

독을 잔뜩 품은 독새
독새 얘길 혹여 아남?

몸길이 20㎝ 남짓 온몸은 붉은빛 띤 검은색이고, 부리며 눈은 검은빛 띤 붉은색이야. 독사 주로 잡아먹고 사는 터라, 사는 터라, 똥오줌은 물론이고 깃털에도 치명적 독을 품고 있대. 독새 깃털 몰래 술에 담갔다가 마시게 하면 누구나 즉사하지. 하지만 독새라는 게 전설 속에만 존재하는 게 아니야. 암만, 암만…. 뉴기니 섬에만 사는 피토휘라는 새가 있어. 때까치딱새과에 속하는 이 새는 깃털이며 피부에만 독성 있어서 깃털에 혀를 대면 입과 코가 금방 마비된대, 마비돼. 피토휘가 독을 품는 연유는 제 몸속이며 깃털에 기생하는 벌레 죽이는 계책이래.

사람도 마찬가지야.
전갈 같은 인간 말이야.

세상 모든 숨탄것들 투쟁 속에 살고 있지.

자기 내부 독극물과 자기 외부 독약물을 이슥토록 물고 뜯고, 물고 뜯고….

몸속에 깜짝 놀랄 저력! 강한 면역력 키우면서.

독의 계보 8

살모사 뺨칠 정도야, 쐐기풀 공격 때는.

코브라 독은 신경성, 살모사 독은 혈액성이야. 코브라에 물리면 아픔 따윈 못 느끼지만, 전신에 독이 퍼져 심장·호흡기 금방 마비되지. 살모사에 물리면 피가 나고 혈관·근육 파괴되어 끝내는 죽게 되지. 쐐기풀 잎줄기는 포름산 가시로 덮여 있어. 속이 빈 가시마다 독을 잔뜩 품고 있어 살짝 건드리기만 해도 난리법석 저리 가라지. 날카로운 독가시가 피부 깊숙이 파고들어 독액 마구 주입하는 게야. 움츠렸던 똬리 풀고 용수철처럼 득달같이 달려들어 살가죽 파고드는데, 파고드는데 말씀이야. 에구머니, 에구머니나…. 순간 접속 공격이라 방어할 겨를 없지. 게다가 쐐기풀 이파리 비벼 웅덩이에 넣으면 피라미, 꺽지 다 죽을 정도야. 허지만 말도 말아, 말도 말아. 쐐기풀은 수많은 아미노산·비타민·미네랄 따위 영양소 풍부하여 임산부 몸 추스르는 데 안성맞춤이라나.

독으로 독을 죽이고, 독이 끝내 약이 된 거지.

제5부

그늘 깊은 숲정이

산이, 산이 흔들린다.
숨 한번 크게 쉬어도.

겸재(謙齋)의 실경산수 일지병(一枝屛)을 펼친 건가? 뒤로는 기암절벽 월악(月岳)이 둘러 있고, 앞으로는 무덤처럼 밋밋한 무등산 너덜겅이. 구름인지, 산등인지 분별할 수 없을 만큼 짙은 갈맷빛 안개 둘러쓰고 부옇게 출렁거린다. 미륵강 훑고 오는 강바람이 목덜미 휘감는다. 마지막 넉잠 자고 섶에 오른 누에처럼 허여멀쑥 핏기 없는 얼굴. 눈구석엔 지게미가 거무죽죽 내려앉고, 겨릅대처럼 삐죽 마른 허우대라…. 칼날 같은 성깔마저 이제 다 눅어 시들부들 그늘 자락 다문다문 늘어뜨린 마을 앞 돈들막 늙은 좀팽나무도 헌거롭던 자태 수습 못해 안달이고, 안달이고…. 한여름 날 그 하루는 명주 실꾸리보다 길고 길다.

이윽고 수국 꽃다발
달빛 한 섬 쏟아낸다.

어떤 벽서

ㄹ자 두 개 이어 붙인 구불구불 돌길 지하
미로 같은 통로 따라 카타콤*이 드러나고
물고기 뱃속에 든 요나** 거기 숨 쉬고 있다.

어깨에 양을 얹은 순한 목자 벽화 너머
송아지 피지(皮紙) 위에 형형색색 물감 덧바른 성서 글귀 늘비하고 늘비하다. 이오나의 한 수도원 수도사들이 필사한 게 '켈스의 책'*** 아니던가. 장식적 서체로 베껴 쓴 라틴어 복음서는 세밀화 도드라진, 세상 가장 아름다운 책. 놀랠루야, 할렐루야…. 지하 성당 돌집 벽에 닥지닥지 붙어 있는 '켈스의 책' 버금가는 울긋불긋 글귀들은 일테면 화사(華奢)의 총화(叢話)랄까, 눈을 그만 멀게 한다.
'쉬는 곳' 이름이 붙은, 잠든 영혼 머리맡에.

시신이 누운 방의 사면 벽을 가득 도배한
너울너울 문장들은 죽은 수녀 어르는 등불
때때로 그 어떤 글자는 벽에 박힌 창끝이다.

어라, 금방 튀어나와 찌를 것 같은 문자들

방은 방이라기보다 굴 같은 무저갱 속. 굴 같고 널 같은 좁은 공간 벽서 앞에서 형제들은 성경 읽고 성경 쓰고 묵상했다. 엘리 엘리 라마 사박다니…. 헤브론 성 형제들은 소리 죽여, 소리 죽여 울부짖고 발 구르고. 이마로 벽을 찧거나 통성기도 절규 끝에 온몸 부려 잠을 내쫓고 더러는 경전 베껴 쓰고 오래오래 묵상했다.

엄혹한 기율 지키고, 초월자 경배하면서.

---

*초기 기독교 공동체 신자들의 지하 묘지.

**바다에서 폭풍을 만나 큰 물고기 밥이 되었는데, 그 물고기 뱃속에서 3일간 기도 끝에 구원받은 이스라엘 예언자.

***라틴어로 쓴 복음서. 「켈스의 서(The Book Kells)」라고도 한다. 서양 캘리그래피의 최고 걸작 중 하나로 꼽힌다.

*이승우 소설 『지상의 노래』 참고.

미혹의 그림자

외뿔 짐승 너름새로 어둠 자락 꿈틀댄다.
개망초 꽃망울 같은 뭇별들 깜박이고
가슴속, 목탁 속인가, 뻥 뻥 구멍 뚫린 날.

독경 소리 염불 소리 사위에 풀어나 놓고
짙은 숲 하늘 멀리 가려버린 웅덩이 샘물 위로 음음한 그늘 웅성거린다. 때마침 야행성 동물 눈에서나 볼 수 있는 발광체로 말미암아 새파란 빛살 점멸한다. 왜 상구보리(上求菩提)만 바라보고 하화중생(下化衆生) 사정 귀여겨듣지 않는 걸까? 철위산에 둘러싸인 깊고 어두운 무간지옥 죄 짐 그리 굽게 하지 말고 어느 결에 무거운 눈꺼풀 벗겨낼까, 벗겨낼까? 지옥·아귀·축생 고통 다 사위는 날 저기 저 칼산지옥 팔열지옥 팔한지옥 문이란 문 다 밀어젖히고. 이윽고 득의망언(得意忘言) 중생들 눈뜨게 될까, 뭇 중생 하나둘씩 칠흑 어둠 떨쳐낼까?
채송화 늙은 꽃술이 눈 부릅뜨고 쏘아본다.

올깎기 늦깎기 비구니
향 맑은 소리로 운다.

묽은 이내 그 골짜기 그예 그리 점령하고 그러게, 옴 살바 못자 모지 사다야 사바하*…

미혹의

제 그림자를

어느 결에 털어낼까.

---

*'일체의 불보살께 귀의한다'라는 의미의 범어 음독.

*한승원 소설 「아제아제 바라아제」 참고.

언덕 위 적산가옥

바다를 한 뼘가웃 밀쳐둔 도시 한끝

덩치 큰 지붕 물매 싸고, 싸고 가파르다. 용마루 밭고 밭아서 눈에 설기 그지없다. 갑각류 동물인가 입을 다문 집들 너덧 초라하게, 비장하게 바다 쪽 엎드려 있다. 새벽 구름 걷어낸 햇살 조금씩 투명해질 무렵 색바랜 뒤안길에 적산(敵産) 그늘 멈칫대고, 멈칫대고…. 그 한때 삐걱대던 목조 2층 낡은 계단 빗각 햇살 기웃댈 뿐 숨소리도 저당 잡혔나, 그루잠 깨지 않는다. 도시 한끝 떠밀려 난 푸른 새벽 기운 받은 비를 품은 구름인가? 언덕 위 하늘에 눌려 적산 그늘 엎드리고

어둠의 너울을 쓰고 문이란 문 잠겨 있다.

꽃게 걸음 서사(敍事)

헤식은 놀 등에 지고 박자 놓친 구둣발 소리
눈먼 밥 동냥질 가는지, 육자배기 너름새로
귀 먹보 꽃게 걸음이 에멜무지로 허청댄다.

게워 넘친 붉덩물에, 뿌연 안개 해거름 녘에
사고무친 머흔 골목 발걸음 배배 꼬인다.
허우대 나잇값 못한 산도 절도 등 돌린다.

뾰로통한 입매인가, 바다 안쪽 물마루엔
어금니 숨긴 불여우가 오로라로 얼비친다.
뒷목을 잡았다 놓는 이생의 검은 그림자.

길 아닌 길, 길을 닦고 발싸심 재우친 날
팔짱 낀 저 바람 소리 너나들이 불러내고
갈지자 내 걸음새가 육자배기 너름새다.

방주(方舟)

내가 홍수를 땅에 일으켜 무릇 생명의 기운이 있는 모든
육체를 천하에서 멸절하리니 땅에 있는 것들은 다 죽으리라
—창 6 : 17

하늘 쩡쩡 금이 갔다, 바닷물도 들끓었다.

비는 비가 아니었고, 바람은 바람이 아니었다. 파도는 파도가 아니고, 번개와 벼락은 그냥 번개와 벼락 아니었다. 바람은 거센 날개 달고, 파도는 집채 두셋 합쳐 놓은 것처럼 굵고 드세었다. 하얗게 뒤집히고 들끓는 바다. 드높은 산맥 이룬 물줄기는 줄기차게 달려오거나 아우성치고 용틀임하면서 불쑥 솟고, 지축 마구 흔들어댔다. 뒤집힌 산맥 같은 물결 위로 주먹만큼씩 창대비가 쏟아졌다. 바닷물은 섬 중턱까지 차올라서 하얗게 들끓고, 들끓고. 때때로 거품 머금은 물기둥이 치솟았다 스러지곤 하는 아수라장…. 노아여, 노아여. 의인 노아여, 깨어나라. 하늘에는 원시 거대 날짐승 먹장구름 회오리치며 내달렸다. 사십 주야 쏟아진 비, 바다와 잇닿아 있는 산이 허물어지고 나무들은 사그리 서북쪽으로 몸을 눕히고 있었다. 몸통이 꺾이기도 하고, 뿌리가 뽑히기도 했다. 시뻘

건 물줄기에 깔려 산등성이 절벽 끝에 얹혀 있던 바위들이 바다로 굴러떨어지곤 했다. 방주는, 질기고 단단한 고페르 나무에다 역청으로 안팎을 칠한 그 방주는, 파도에 짓이겨지면서 뱃전과 돛대와 갑판과 고물과 이물이 찢어지고 깨어져 나갔다. 반쯤 남은 뱃바닥과 몸통이 한쪽 모서리를 산기슭에 구기박지르며 나뒹굴었다. 하늘 땅을 두 조각, 세 조각으로 갈라내는 우렛소리 연신 울었다. 갈라진 하늘 틈에서 물벼락 쏟아지고, 심장이 쫄깃하도록 뇌성벽력 끊임없었다.

난바다 거대 톱날 이빨, 막무가내 씹어대고 있었다.

---

*한승원 소설 『해일』 참고.

그날 그 변증법

입술 깨문 신음들이 끝내 극점(極點) 다다르고
왁다그르르 맞불 놓는 광장 어느 난장인가?
열락을 부추긴 거기, 거센 물살 소용돌이.

카니발 뒤 미친 바람, 줄타기하는 어릿광대
기쁨에 달뜬 무리 칼을 물고 널뛰기할 쯤
모호한 담론은 끝내 용의 눈물 손짓한다.

마법의 암호 같은 실마리 좀체 주지 않고
막다른 분노는 글쎄, 어디메로 튀는 걸까.
폭죽의 재처럼 홀로 변증법을 매만질 때.

내로남불*

#1

오랜 침묵 휴화산(休火山)이 느닷없이 트림한다.

욱신덕신 들끓는 소문, 산이라도 뒤엎을 듯

한바다 휩쓸고 가는 쓰나미가 저러할까?

#2

넉살 엄살 궁싯대는 엉너릿손 요사 좀 보게.

제 겁에 제가 질려 옴나위도 못하는 참에

손차양 하늘 가리고, 오리발 척 내민다.

---

*내가 저지른 '부도덕한 뒷소문(스캔들)'은 로맨스요, 남이 저지른 '수치스런 뒷소문'은 불륜이라고 빈정거리는 말의 약어.

출출한 저녁

#1

등 뒤 하냥 썰렁한가,

대나무 숲 바자 두르고

푸른 대 청교도가 장엄 미사 드린 갑다.

제 오라 제가 진 터수로

속죄의 날 되우 갈고.

#2

가재 물 짐작할 만큼 깊고 얕은 물정 못 재고

검부러기 쭉정이뿐 지성소(至聖所)를 차린 갑다.

가슴에 끌질을 하는, 비위 상한 지난 세월.

#3

언월도(偃月刀) 내어 걸듯

초승달이 떠오른다.

마른 죽순 껍질 벗은 푸른 대 청교도가

엄지손 곧추세우고

피정(避靜) 시간 예고한다.

빈대떡 에피그램

#1

어라, 청진동 해장국집 빈대떡이 사라졌네.
모둠전에 술국 끓일 야간 일손 빌 수 없어
주인장 손수 홀 서빙… 빈대떡을 못 부친다.

#2

'너무 많은 영세 통닭집, 한국 경제 위협한다.'*
골목 간판 불 꺼진 그날 후유 소리 담을 넘고
얕은꾀 스텝이 꼬여 어라, 숨찬 목줄 조여 온다.

#3

소득 주도 알량한 바람 턱밑까지 휘몰아친다.
보이지 않는 손아귀에 덜미 잡힌 골골샅샅
허풍 센 일자리 창출에 어라, 억장 다 무너진다.

---

*2013년 미국《월스트리트 저널》이 한국 경제를 예고한 기사.

아인슈타인 박사 2

하나의 집착은 글쎄, 또 하나의 망각인가?

때로는 허방 짚고 블랙홀 휘말린 집착! '잠깐 자리 비우는데 10분 후에 돌아옵니다.' 아인슈타인 박사 화장실 가면서 연구실 문 앞에 쪽지 붙여 놓았겠다. 화장실 다녀온 아인슈타인, 자신이 붙여둔 쪽지 보고 해종일 무가내하 기다리고 있었겠다.

천재는, 자주 잊어버려야 새로운 걸 찾는다나….

어, 개아들?

술이 과한 한 도학자 뒤늦게 결단했지.

경주구자(更酒狗子)—다시 술 마시면 개아들이다. 벽에 써 붙인 다음 그날부터 술 한 모금 입에 대지 않았어. 며칠 뒤 친구들이 우르르 몰려와서 "40년 술친구를 하루아침에 걷어차겠단 말인가, 당장 물건 떼어버리게." 대찬 성화 바람에 술 한 잔 안 할 수가. 그렇다고 술 다시 들면 개아들 되고 말지. 궁리궁리 애태우다 묘수 떠오른 도학자 벌떡 일어났지. 붓을 들어 벽에 써 붙인 글귀에다 호(乎) 자 하나 덧붙인 뒤 친구들 앞세우고 닐리리야 주막으로 달려갔지.

고것 참, '경주구자호(更酒狗子乎)!—다시 술 마신다고 개아들일손가?

독의 계보 9

골골 깊은 산녘마다 똬리 튼 땅거미야.

거대한 독버섯인가? 온갖 색상 포자들이 몸속에 자라고 있어. 눈앞에 펼쳐지는 끔찍한 이 아수라! 한 번도 본 적 없고 상상한 적 없는 기이한 사물이야. 그리마도 아닌 것이, 쐐기풀도 아닌 것이, 부드러운 털 가시로 온몸 온통 덮여 있어. 긴 이빨, 뱀처럼 갈라진 혀를 날름날름 등신 하나 부스스 몸을 떨지. 독 두꺼비, 독 도마뱀이나 흰독말풀, 고깔해파리, 전갈이나 투구꽃, 광대버섯같이 독을 문 정체 모를 가납사니…. 독사는 독사일 뿐 눈을 깜박이지 않아. 물론 깜박일 수 없게 태어났지만, 깜박일 필요 없도록 진화한 게지. 게다가 독사 배설물에선 아몬드 향 같은 약간 비린, 독특한 냄새 풍기지. 독사를 떠올릴 땐 어느새 머리 혈관에 수만 볼트 전류 흐르고, 귓바퀴 찢어질 듯 환청 들릴 땐 못 참아, 어흐 못 참아…. 고름이 살 되겠어? 잠은 짧고 꿈은 어지러워. 땅거미 어둑발처럼 나이 들면 누구든지 잠은 짧고 꿈은 깊은 법인가?

사는 게 왕소름 돋는 삼재팔난(三災八難) 독 줄 타기야.

독의 계보 10

온통 발가벗은 몸, 물감 풀어 덧칠했어.

화가는 지껄였지, 색이 빛의 고통이라고. 때로 화가는 고통을 떨쳐내려 색을 입혔어. 색은 빛의 환희이고, 색은 빛의 유희라고. 온몸의 유연한 굴곡 속속들이 살려내어 독이, 독이 약이 되는 환한 세상 그려낼 거라고. 아서라, 아서라 달궁…. 집 안팎에 심겨 있는 만병초, 은방울꽃, 수선화, 흰독말풀, 능소화, 천사의 나팔, 피마자, 투구꽃 따위 몽주리 독의 꽃, 독의 꽃이라지. 개중에는 껍질이나 잎, 뿌리에 피부가 닿기만 해도 독극물 번져났어. 뛰는 생선 붉은 아가미 들추고 번쩍이는 비늘 거스를 때 영매(靈媒)의 순결한 울음소리 들려오고, 들려왔지. 아서라, 아서라 달궁! 작두날, 시퍼런 칼날 에혀 에혀 작두거리 광기(狂氣) 어린 무녀(巫女)처럼 달의 이음새 아퀴지어 둥글게, 둥글게 말아가듯

화가의 붓질은 끝내 빛의 환희 받아냈어.

---

*「독의 계보」 연작은 최수철 소설 「독의 꽃」 참고.

해설

미감(美感) 눅진 풀어낸 신들린 붓놀림
―윤금초의 시조 미학

유성호(문학평론가 · 한양대학교 교수)

1. 시조의 현대적 가능성에 대한 정공법

윤금초 시인의 『독의 계보』(시인동네, 2023)는 호활한 정형 미학의 한 정수(精髓)를 보여주는 우리 시대의 크나큰 결실이다. 우리 시조시단에서 윤금초 시인만큼 새로운 실험을 최대치의 확장성으로 보여주는 시인은 거의 없을 것이다. 우리는 윤금초 시학의 핵심이 형식에서의 절제와 다양한 변형 사이의 긴장, 내용에서의 역사와 현재형 사이의 길항에 있다고 말할 수 있다. 사실 전통과 창조 사이의 균형이 없다면 시조의 양식적 확장은 거의 불가능하고 또 무의미할 것이다. 그만큼 윤금초 시조가 시현하는 정격(正格)과 파격(破格) 사이의 확장

의지와 현실에 대한 유추적 관심이야말로 우리 시조가 개척해 가야 할 미답의 권역이라 할 것이다. 결국 윤금초 시학은 고전적 구심과 실험적 원심 사이의 균형을 특유의 내적 깊이로 보여준 탁월한 사례라 할 것이다.

이번 시조집에는 일단 단수 미학이 전혀 보이지 않는다. 연시조와 사설시조가 대부분을 차지하지만, 연시조 가운데 한두 수를 사설시조로 배치한 혼합 연형시조도 더러 보인다. 그동안 시인이 애써 개척해 온 다른 언어들과의 상호텍스트성도 여전히 중심을 이루고 있다. 그만큼 윤금초 시인은 커다란 스케일, 동서와 고금을 교차하는 박람(博覽)의 상상력, 지역어의 활발한 활용, 야성적 에너지의 끝없는 분출과 용해 과정을 스스로의 독자적 역량으로 갈무리해 간다. 따라서 우리는 그의 이러한 시조 미학에 대한 중후하고도 지속적인 굴착 의지를 두고 '시인'의 존재론과 '시조'의 양식론에 대한 실천적 응답이자 시조의 현대적 가능성에 대한 정공법적 반응이라고 규정할 수 있을 것이다. 이제 그 신생의 의지가 각인된 풍경 속으로 들어가 보도록 하자.

2. '시인 윤금초'의 실존적 시간들

원래 인간은 시간이라는 물리적 흐름 속에서만 자신의 존재 형식을 완성하고 유지해 가는 존재이다. 사실 모든 생명체의 생멸 과정이 시간 개념 안에서만 가능한 것이 아니겠는가. 아닌 게 아니라 인간은 철저하게 시간 안에서 살아가는 '시간 내적' 존재이다. 그런데 인간은 객관적인 시간 안에서 살지 않고 저마다 고유한 주관적 시간 안에서 자신만의 실존을 살아간다. 그래서 시간이란 객관적인 물리적 실체로서 주어지는 것이 아니라 실존적이고 고유한 의식 속에서 끊임없이 새롭게 생성되는 어떤 것이 된다. 윤금초 시인의 정형 미학은 뭇 생명들이 가지고 있는 불가피한 유한자(有限者)로서의 모습을 다루면서 그러한 실존적 시간에 대한 순명의 의지를 선연하게 보여준다. 그 안에서 우리는 '시인 윤금초'의 실존적 시간들을 강렬하게 느끼게 된다. 다음 시편을 먼저 읽어보자.

내 사는 도심 바깥
그 6층 옥탑방엔

달빛도 세 들어 사는
옹색한 서재가 있다.

썼다가 도로 지우는
글밭 가는 비상구 있다.

옛 선비 길러냈다는
사가독서(賜暇讀書)는 언감생심

베갯머리 포개둔 책
손때 절은 갈피도 있다.

자다가 벌떡 깨어나
머리 뜯는 비상구 있다.

—「천창(天窓) 2」 전문

'천창(天窓)'이란 빛이나 공기가 잘 들게끔 지붕에 낸 창문을 말한다. 시인은 도심 바깥 6층 옥탑방 "달빛도 세 들어 사는/옹색한 서재"에서 자신의 '천창'을 발견한다. 그것은 "썼다가 도로 지우는/글밭 가는 비상구"이기도 하고 "자다가 벌떡 깨어나/머리 뜯는 비상구"이기도 하다. 시인은 조선시대에 유능한 젊은 문신들을 뽑아 휴가를 주어 독서당에서 공부하게 하던 "사가독서(賜暇讀書)"가 아닐지라도, 천창을 둔 서재에서 "베갯머리 포개둔 책/손때 절은 갈피"를 일구어 온 것이다. 그러니 그 '천창'이라는 비상구가 자신을 시인이게끔 해준 장치라고 고백하는 것이다. 이처럼 '시인 윤금초'의 시간은 "수묵 산수 운염(雲染)"(「분원리, 밤」)처럼, "깎아지른 천길 빙벽 안개"(「융프라우 만년설 2」)처럼, 천창에서 썼다가 지우고

손때 절게 보낸 시간 속에 오롯이 존재했던 것이다. "휘휘 갈겨 내린 붓질, 비백(飛白)의 구름발"(「널뛰는 누엣결」)이 그 시간 안에서 고유한 실존을 구가하고 있었던 것이다. 다음은 어떠한가.

천야만야 지붕 아래 천야만야 익는 서원
송광사 전각 70채 기왓골에 눈이 아리다.
지붕에 지붕을 덧댄 닫집 하나 우뚝하다.

휘휘 친친 둘러쳤다, 겹처마 서까래 위에
연꽃무늬 수막새 타고 눈석이 흘러내린다.
따지기 절집에 이르러 대숲 바람 귀를 씻고.

밀가루 반죽 다루듯 화강석을 마른 탑신.
여덟 마리 사자 발톱 매지구름 지르밟고
지붕골 누비주름이 이승 물매 재고 있다.

—「물매—국사전(國師殿) 기왓골」 전문

'국사전'은 송광사에 있는 전각을 말하는데, 여기서 시인은 기왓골의 웅장한 규모와 아름다움에 경이로움을 느낀다. 가령 그것은 "지붕에 지붕을 덧댄 닫집 하나"로 우뚝하게 다가오는 형상을 취하고 있다. 휘휘 친친 둘러친 겹처마 서까래 위에 눈석이 흐르고 대숲 바람이 일고 있다. 밀가루 반죽 다루듯 화강석을 마른 탑신이 지붕골 누비주름에 이승 물매를 재고 있다는 해석은, 그 물매의 주인공으로 하여금 '시인=예술가'로서의 위상과 직능을 가지게끔 주조(鑄造)해 가는 윤금초의 장인정신을 선명하게 알려주는 표지(標識) 역할을 한다. 그렇게 '국사전 기왓골'은 "상감한 고려 바람이 풍류 한 틀 끌고"(오수(午睡)」) 가듯, "화강석/둥근 가람에 뜬/뭇별,/물찰찰이"(「천상열차분야지도(天象列次分野之圖)」) 떠다니듯, "영롱한 투신"(「빗방울 악보」)을 통해 예술성과 신성성을 동시에 증폭시키는 "신필(神筆)의 묘법"(「촉(蜀)으로 가는 길」)을 보여준 것이다.

원래 서정시는 지나온 시간에 대한 기억의 현상학에 의해 발원되고 펼쳐진다. 그만큼 서정시는 인상적인 순간을 포착하여 그것을 존재의 오래된 기억으로 환치하는 기억술의 방편이기도 하다. 이는 현실에서 벗어나 상상적 시간으로 잠입하려는 의지가 반영된 결과일 것이다. 외따로 떨어져 있던 사물과 사물 사이에 연쇄적 연관성이 나타나는 것도 이러한 기억의 매개 때문이다. 윤금초 시인은 사물에 깃들인 기억들을 순간적으로 소환하고 재현하면서, 그 순간에서 삶의 깊디깊은 시간의 흐름을 파악하고 노래한다. 그럼으로써 스스로 시인으로서의 의지를 충전하고 있는 셈이다. 이 모든 것이 "제 안에 이는 불길을 다독이고"(「해머링 맨」) 나서 "문자향 서권기의 법도(法道)로 삼아야 할 건 텅 비어 가득 채우는 일"(「도장밥 수사(修辭)」)임을 알아가는 '시인 윤금초'의 실존적 시간들일 것이다. 가없이 아득하고 융융하기만 하다.

3. 사물의 역사를 기록하고 증언하는 순간들

이번 시조집에 나타나는 언어적 역동성, 야성, 그리고 입말을 중시하는 언어의 광활함 등은 그 자체로 어떤 현상의 재현에 복무하는 것이지만, 그것은 시인 특유의 '시 쓰기'에 관한 자의식을 매개하고 언표하는 기능을 더욱 본질적으로 가진다고 할 수 있을 것이다. 윤금초 시인은 이러한 '시=예술'에 대한 자의식, 곧 궁극적 자아 탐구로 남고 타자를 향해 온기를 흘려보내는 '시=예술'에 대해 흔치 않은 메타적 사유를 보여준다. 말할 것도 없이, 서정시는 언어를 통해 언어를 지우고, 언어를 우회하여 언어에 가닿는 역설적 언어예술이다. 여기서 '시인'이란 언어 감각으로 충일한 사람이라는 규정을 넘어, 언어를 찾고 궁극에는 사물 속에서 언어를 발견하는 존재로 몸을 바꾸어 간다. 다시 말하면 언어의 도구적 속성을 넘어 언어 자체에 대한 메타적 탐색에 공을 들이는 존재가 '시인'인 것이다. 윤금초 시인이 생각하는 '시인'의 존재론적 함의도 거기에 가닿고 있다. 그 비유적 매개체가 바로 '편년(編年)'과 '가전(假傳)'으로 현상하고 있다.

풋바심 발바심하는
그해 오월 감꽃 철에
빵빵 튀긴 강냉이를 자루째 쏟아놓은 그 자드락길 먹감나무
담황색 시린 감꽃이
새벽 허기 덜어줬지.

사금파리 빗금 긋던
허장성세 그늘 한끝
개발쇠발 불도저에 할퀴고 대낀 그날 그 아름드리 먹감나무
샐비어 덤불에 묻혀
흙먼지나 둘러썼지.

—「먹감나무 편년사(編年史)」 전문

'편년'이란 연대의 순서에 따라 역사를 기록하는 일체 행위를 말한다. 시인은 '먹감나무'의 형상에서 편년의 역사를 읽는다. 그 역사는 다름 아닌 그해 오월 감꽃 철에 자드락길에서 강냉이를 자루째 쏟아놓은 순간을 말한다. 그리고 그 담황색 시린 감꽃이 새벽 허기를 덜어준 기억의 순간도 포괄하고 있

다. 나아가 먹감나무는 세상의 허장성세 그늘 한끝에서 불도저에 할퀴고 대낀 날을 증언하는 존재이기도 하다. 생비어 덤불에 묻혀 흙먼지나 둘러쓰던 그 기억으로부터 먹감나무의 역사가 곧 우리 근대사의 한 단면을 은유하고 있음을 이 시편은 암시해 준다. 시인은 두 수 모두 중장을 파격하여 먹감나무의 역사가 가진 가파름과 속도감을 배가시켜 준다. 그리고 먹감나무의 역사를 증언하는 그 순간에 '시인'으로서의 자의식이 한없는 눈부심으로 현현하는 순간을 기록하고 있기도 하다. 그러한 시인의 기록 의지는 다음 작품으로도 한없이 이어져 간다.

산에 들에 가려움증, 잎눈 뜨는 가려움증
따지기때 들머리에 저승 야차 다녀갔나?
삼이웃 뜰썩하도록 곡지통을 내쏟는다.

눈물 콧물 버캐 자국, 돌니 박힌 벼랑길에
휘진 몸 끌고 오는 봄의 전령 오리궁둥이
가근방 짜하게 번지는 볕뉘 상큼 부려놓네.

비루먹은 꼬리 흔드는 황소거사 영각 켠다.
새도록 가전체 쓰는 꽃의 눈빛 적바림하고
숯검정 다 된 작약도 입귀 절로 벌고 있다.

—「가전체(假傳體)로 오는 봄」 전문

'가전체'란 사물을 의인화하여 그의 꾸며낸 일대기를 쓴 문학 양식을 말한다. 시인은 봄이 오는 각양의 모습을 가전체 형식으로 읽고 있다. 산야와 초목에도 '가려움증'이 돌고, 얼었던 땅이 풀리면서, 봄은 곡지통(哭之痛)을 스스럼없이 내보인다. 그리고 벼랑길에 휘진 몸 끌고 오는 봄의 전령이 번져가는 볕뉘를 부려놓고, 또한 꼬리 흔들면서 황소가 느릿하게 영각을 켤 때, 시인은 "새도록 가전체 쓰는 꽃의 눈빛"을 적어둔다. 그렇게 시인은 봄이 도래하여 "숯검정 다 된 작약"의 입귀도 절로 벌어진다고 기록한다. 이러한 사물의 의인화 작법을 통해 윤금초 시인은 봄이 오는 활력을 일일이 적으면서 한편으로는 "마른 죽순 껍질 벗은 푸른 대 청교도가/엄지손 곧추세우고/피정(避靜) 시간"(「출출한 저녁」)을 예고하는 순간을 기록하고 다른 한편으로는 "한 시대/협곡 헤치고/발톱 세워"(「발톱의 시」)온 장엄한 순간도 기록해 둔다. 모두 시인으로서의 자의식이 사물을 생명처럼 받아들인 결과일 것이다. 이러한 노력이 결국 "천 개 얼굴 감추는 바다"(「내숭 떠는 바다」)를 알아보게 하고, "한 자락 낮은 음계로/짙어지는 어둠 속"(「저물녘 물질명사」)을 들여다보게 하며, "깎아지른 천길 벼랑"(「계면조 하늘」)이나 "안개처럼 자욱하게 은빛 비늘 물어내는 물김"(「안개 연대기(年代記)」)을 붙잡아 두게끔 해준 것이다. 그리고 그 안에는 아름답고 청신한 윤금초 특유의 이미지군(群)이 생생하게 살아 있다.

이처럼 윤금초 시인은 견고한 밀도와 상상적 심층을 통해 다양하고도 활달한 시적 권역을 개척해 간다. 삶의 깊디깊은 시간 의식을 토로하는가 하면, 현재형을 탈환하고 생성하는 역동의 세계를 보여주고, '시 쓰기'라는 행위에 대해 깊은 사유를 드러내는가 하면, 서정시의 심층적 동기인 타자로의 확장 과정을 곡진하게 보여준다. 자신만이 관찰 가능한 여러 현상을 해석하면서, 현상의 여러 이치를 시인으로서의 속성에 통합해 가기도 한다. 이때 그는 "내 시의 구상명사도 탱글탱글 영글어 간다."(「사물의 그림자」)라고 고백하기도 하고 "눈부신 갈잎 갈피가/시전지(詩箋紙)로 펄럭인다."(「목멱산(木覓山) 그늘」)라고 스스로에게 강조하기도 한다. 이렇게 깊고 고요한 시간을 투시하는 자의식과 사유를 담은 이번 시조집은 참으로 원대한 상상력과 감각으로 확장해 간 윤금초 시인의 내면적 일지(日誌)이기도 할 것이다. 앞으로도 우리는 그렇게 시인이 사물의 역사를 기록하고 증언하는 순간들을 편년처럼, 가전처럼, 연대기처럼, 시전지처럼, 오래도록 바라볼 수 있을 것이다.

4. 사설의 맛과 품격, 구체성 있는 언어의 보고(寶庫)

마지막으로 우리가 읽게 되는 윤금초 시인의 시학적 면모는 가장 활달하고 풍요로운 사설시조의 세계에 놓인다. 단언컨대 이번 시조집의 백미이자 미학적 중심은 사설의 맛과 품격에 있다. 그 세계는 정격과 파격 사이를 오가는 양식 확장의 의지를 두드러지게 보여준다. 또한 그가 우리에게 보여주는 현대시조 양식에 대한 창조적 몸짓은 기층언어의 조탁 과정을 현저하게 보여주면서 기층언어의 미감을 살려내는 데 온몸의 적공을 들이는 모습으로 나아간다. 그는 사물과 시간이 자신의 기억 속에서 제 나름의 의미와 가치를 지닌다는 생각을 펼쳐나가면서 그 안에 추상어보다는 구체어, 문어보다는 구어, 표준어보다는 지역어를 지향한다. 이러한 언어적 자의식으로 가득 찬 그의 시학은, 우리 정형 시단을 풍요롭고 구체성 있는 언어의 보고(寶庫)가 되게끔 해주고 있다. 그의 시조는 그 점에서, 그냥 쓰인 것이 아니라 기층언어를 찾고 다듬고 새롭게 하여 쓰인 그야말로 '우리말'의 향연이 아닐 수 없을 것이다.

저 널룬 뻘밭에서 '뻘징역' 살고 있제라.

숨이 그만 칵칵 맥혀. 한번 뻘밭 들어가문 못 나와, 좀체 못 나와. 오뉴월 뙤약볕 아래 발 푹푹 빠지는 생지옥 뻘밭에서 치러내는 극한투쟁. 뻘배 아니면 들어갈 엄두도 못 낼 차진 뻘밭에서 널을 타제, 널을 타. 길 없는 무저갱 속 짚디짚은 구렁텅이 개펄 밭에 길을 내는 동력의 근원. 왼 무릎은 널 위쪽 똬리에 단단하게 붙이고, 오른발은 헤엄 치듯 그침 없이 지옥 뻘밭 헤집제. 온몸이 갯벌하고 한통 속 되야갖고 뻘바닥 뒤집어야 게우게우 끄집어 올릴 수 있는 거이 맛조개, 맛조개라. 허벌나게 맛 좋은 맛조개라, 하 먼…. 어느 한 날 뻘투성이 흙투성이 험한 세월 마다해 본 적 있나?

뻘바닥 무릎걸음하고 한 생애 버텨 왔제라.

—「와온 갯벌」 전문

호남 기층언어로 하나의 장관을 이룬 이 작품은 표준어에 대한 저항을 통해 입말의 구체성을 살리려는 문화적 의지로 충일하다. 일찍이 프랑스 시인 말라르메는 시인을 일러 '부족 방언의 예술사'라고 규정한 바 있는데, 이 유명한 정의는 시인이란 모어(母語)를 최대한 세련화하여 구성원들에게 인지적, 정서적 감염을 선사하는 존재라는 뜻을 품고 있다. 그만큼 부족방언의 세련됨과 풍요로움은 시인의 존재론을 함의하는 가장 중요한 명제였다고 할 수 있다. 그런데 근대 국민국가의 정책은 표준어 제정을 통한 언어 규범의 확립에 중심을 두었으니 모어의 구체성이나 고유한 질감과는 일정하게 역주행을 한 셈이다. 이때 말하는 '부족방언'이란 중앙 집권적 공식 언어가 아니라 각 지역에서 현재형으로 쓰이고 있는 말을 뜻한다. 우리 근대시 전통에서도 지역어에 의한 문학적 정화(精華)가 여럿 남아 우리말의 자산을 풍요롭게 만들어주었다는 점은 기억할 만하다. 이는 근대적 삶이라는 것이 근본적으로 타향살이였고, 근대는 그야말로 타관-고향, 도시-농어촌, 떠남-돌아옴, 표준-비표준의 길항 속에서 펼쳐진 시대였기 때문이다. 윤금초 시인은 "저 널룬" 와온 갯벌에서 "'뻘징역' 살고 있"는 화자를 통해 "한번 뻘밭 들어가문 못 나와"라면서 "길 없는 무저갱 속 짚디짚은 구렁텅이 개펄 밭에 길을 내는 동력의 근원"을 고백하게끔 한다. 그 지옥 뻘밭에서 "온몸이 갯벌하고 한통속 되야갖고" 수행되는 고된 노동이 핍진하게 펼쳐진다. 허벌나게 맛 좋은 것들이 수확되는 기쁨에 "어느 한 날 뻘투성이 흙투성이 험한 세월 마다해 본 적" 없이 살아온 화자는 그렇게 "뻘바닥 무릎걸음하고 한 생애 버텨 왔제라."라고 말하는 것이다. 그러한 노동 서사가 지역어의 환한 빛 속에서 충실하게 재현되고 있다. 언어가 가지는 이러한 비표준화의 창조력과 함께, 윤금초 시조는 지역어의 역동성과 현재형을 앞으로도 선명하게 알려줄 것이다. 우리는 여기서 방언이라 하지 않고 지역어라고 표현하였다. 그것은 변방의 언어가 아니라 호환 불가능한 고유성과 역사성으로 가득한 언어이기 때문이다. 이러한 지역어에 대한 시인의 천착과 탐구야말로 사라져가는 존재자들을 옹호하는 귀한 마음으로 우리에게 오래 기억되어 갈 것이다.

> 몸속 깊이 침투했어, 정체 모를 독소들이.
>
> 독도 약도 뒤죽박죽 이 세상은 뫼비우스, 뫼비우스 띠 같은 거야. 독이든 약이든 그 속에 생사고락 뒤엉킨 요지경, 요지경이야. 인형 속에 인형 있고 인형 속에 또 다른 인형 있는, 몸도 얼굴도 꽉꽉 숨긴 마트료시카 인형같이 독도 약도 숨긴 세상. 우리네 하루 하루 독도 약도 춤을 추는 줄타기 틈바구니, 울다가 때로 웃는 줄광대 놀음이지. 글쎄 말이야, 글쎄 말이야…. 자연에는 두 개 다른 젖줄이 있는데 말이야, 하나는 독이 나오고 다른 하나는 약이 나오거든. 그나저나 무서웠어, 지나새나 무서웠어. 온 천지 독 아닌 게 눈 씻고 봐도 없는 걸 어떡하지, 어떡하지.
>
> 마침내 이마에 찍힌 낙인 같은 독이었어.
>
> —「독의 계보 6」 전문

시조집 표제작으로 창작된 이 연작에서 시인은 '독(毒)' 혹은 '독성'의 사회학을 묻고 있다. 시인은 정체를 알 수 없는 독소들이 몸속 깊이 침투했다는 판단 아래, 그 독이 실제로는 약도 될 수 있음을 역설적으로 강조한다. 뫼비우스 띠처럼 원환(圓環)으로 얽힌 이 세상은 "독이든 약이든 그 속에 생사고락 뒤엉킨 요지경"일 것이기 때문이다. "몸도 얼굴도 꼭꼭 숨긴 마트료시카 인형같이" 독도 약도 숨겨진 세상에서 시인은 원래 자연에는 하나는 독이 나오고 다른 하나는 약이 나오는 젖줄이 있었다고 전제한다. 그러면서 "마침내 이마에 찍힌 낙인 같은 독"이 세상을 공포에 빠지게끔 하기도 하지만, 그와 반대로 살아갈 동력이 되기도 함을 함축하는 것이다. 그 계보에 의하면 "독이 또 약이 되는 연결고리"(「독의 계보 7」)가 엄연히 존재하고 "독으로 독을 죽이고, 독이 끝내 약이 된"(「독의 계보 8」) 시간이 흐르고 있으며, "독이 약이 되는 환한 세상 그려낼"(「독의 계보 10」) 의지를 가진 시인이 "독을 펴다 독 죽이는/독은 결코 독 아니"(「독의 계보 1」)라고 노래하는 것이다. '독'의 다양한 형상이 윤금초 사설시조에 얹혀 그야말로 하나의 장관을 이루고 있다 할 것이다.

우리가 잘 알듯이 사설시조는 삶과 언어가 확장해 가는 순간을 담으려는 구체적인 정형의 육체이다. 그 육체의 요구가 소용돌이치면서 장시조 전통을 이루어 가는 것이다. 하지만 장시조 전통은 매체 환경이나 대중적 관심의 측면에서 전망이 그리 밝은 것은 아니다. 다만 이러한 난경(難境)을 극복하는 길은, 시조의 시조다움을 더욱 첨예화하면서 동시에 시조

안에서의 형식적 다양성을 실험하고 그 가능성을 극대화하는 데서 찾아야 한다. 윤금초 시학의 독보적 가능성이 바로 여기서 발견된다. 시조에 대한 양식론적 확장이라는 그의 일관된 자각과 노력이 그러한 가능성을 실현해 가고 있으니까 말이다. 그야말로 윤금초의 사설시조는 사설의 맛과 품격을 구체적으로 담고 있는 우리 시조시단 득의의 성과요 언어의 보물창고일 것이다.

5. 우리 시대의 충실한 시조사적 범례(範例)

지금까지 우리가 천천히 읽어온 것처럼, 윤금초의 시조는 생동감 있는 시어와 개성적 시상을 확연하게 결합하면서 일대 진경을 연출해내고 있다. 그는 우리 시조 시단에서 가장 돌올한 대가급 풍모를 보여줌과 동시에, 늘 새로워지려는 신생의 의지를 지속적으로 보여준다. 또한 그는 구체적인 지역어를 적극적인 매개로 삼음으로써 우리의 기층언어를 풍부하게 보듬으려고 한다는 점에서 단연 소중한 시인이다. 이러한 노력을 통해 시조가 언어의 화용론적 측면에서도 우리의 정체성을 가장 가멸차게 담아낼 수 있는 이른바 '민족시의 원형'임을 입증하려 한 것이다. 그러니 '시인'은 다시 새로운 부족방언의 예술사로 등극하고도 남음이 있을 것이다.

윤금초 시조의 육성은 다른 시조들에 비해 활달하고 강직하며 감응적이고 혁명적이며 서정의 율과 역사적 증언을 내적 견결성으로 결속하는 미학적 의지로 가득하다. “해무(海霧) 깔린 연안 숲”(「하오의 안쪽」)을 울리면서 “때때로 그 어떤 글자는 벽에 박힌 창끝”(「어떤 벽서」)임을 증언해 가는 윤금초 시조가 우리 시조시단을 가장 원대한 언어적 스펙트럼으로 장식해주고 있는 것이다. 그의 시조는 “흐느끼고, 탄식하고, 두런대는 소릿결 넘어”(「곡두」) 항구적으로 “뇌리를 치는/반야심경 독경 소리”(「미망의 새」)처럼 우리를 진한 깨달음과 감동으로 이끌어 갈 것이다. 이러한 확연한 개성만으로도 윤금초 시인은 우리 시조시단의 연성 편향, 자연 편향, 동어반복 혐(嫌) 등을 일거에 넘어설 것이다. 그리고 형식 실험이나 변격 추구를 통해 정형 미학의 완결성을 넘어서고자 하는 시도로써도 우리 시조사에 남을 것이다.

우리 정형 미학에 작지 않은 계고(戒告)가 되어준 그의 이번 시조집이 한동안 우리 시대의 충실한 시조사적 범례(範例)가 되어줄 것을 기대하고자 한다. 신작 시조집 발간을 더없이 축하드리면서, 이러한 지속적 탐구의 열정이 “붓끝의 기교 아닌, 숨이 턱 멎을 것 같은 신들린 붓놀림”(「풍죽(風竹)」)으로 이어져 ‘시인 윤금초’로 하여금 우리 시대가 놓치고 있는 고전적 가치를 온전하게 회복하는 데 진력한 시인으로 남게끔 해주기를, 온 마음으로, 희원해본다.

시인동네 시인선 213

독의 계보

초판 1쇄 인쇄 2023년 9월 8일
초판 1쇄 발행 2023년 9월 15일
지은이 윤금초
펴낸이 김석봉
디자인 헤이존
펴낸곳 문학의전당
출판등록 제448-251002012000043호
주소 충북 단양군 적성면 도곡파랑로 178
전화 043-421-1977
전자우편 sbpoem@naver.com

ISBN 979-11-5896-610-2 03810